first word search

Easy First Words

Illustrated by
Steve Harpster

STERLING

New York / London
www.sterlingpublishing.com/kids

STERLING and the distinctive Sterling logo are registered trademarks of Sterling Publishing Co., Inc.

Lot #:
10 9 8 7 6 5 4 3
03/12
Published by Sterling Publishing Co., Inc.
387 Park Avenue South, New York, NY 10016

© 2005 by Sterling Publishing Co., Inc.

Distributed in Canada by Sterling Publishing
c/o Canadian Manda Group, 165 Dufferin Street
Toronto, Ontario, Canada M6K 3H6
Distributed in Australia by Capricorn Link (Australia) Pty. Ltd.
P.O. Box 704, Windsor, NSW 2756, Australia

Sterling ISBN 978-1-4027-7808-7

For information about custom editions, special sales, premium and
corporate purchases, please contact Sterling Special Sales
Department at 800-805-5489 or specialsales@sterlingpublishing.com.

A Note to Parents:

Word search puzzles are both great teaching tools and lots of fun. After reading the word and spelling it out loud, have your child search for it in the grid. Then once it's found, have your child use the word in a sentence. This will help to reinforce vocabulary and grammatical skills.

Directions:

Each puzzle consists of a letter grid and a word list at the bottom of the grid. Each word can be found somewhere in the letter grid. The tricky part is that a word can appear reading forward, backward, up, down, or diagonally. There are many different ways to search for a word. A few hints: first look for words that go across; words that go down; or words with unusual letters in them, like Q, Z, X, or J. Once the word is found, draw a circle around it. It's also a good idea to cross out the words from the word list once they are found so that no time is wasted searching for the same word twice. Once all of the words are found, check in the answer section to see if they are right. That's all there is to it!

Good luck and have fun!

Cars & Trucks

G E A R S R D Q M
M D T Y C R P S N
L C E F I T E M G
E K M V I R B W H
E H E W I H Q P F
H K O T L D S K M
W K L R N I R C M
L E L D N A H O Z
C W J Z D L P L F

Wheel	Drive
Tires	Handle
Gears	Shift
Horn	Lock
Dial	Keys

Going on a Trip?

P D M R N A Q Z G
F O J S A I L Z H
R V S D M R L S O
R U O T B P E W T
K W C A C L V I E
B Q G E P A A M L
W S K L O N R M R
N I K Y O E T D C
H W N T L D P M G

Travel	Bags
Hike	Tour
Sail	Hotel
Pool	Postcard
Swim	Airplane

Camping Out

```
G  G  M  N  S  H  Y  G  Q
N  R  N  O  M  F  I  R  E
I  M  N  I  S  R  A  T  S
H  G  A  T  K  R  R  M  C
S  L  T  E  B  O  V  J  A
I  M  N  Q  R  E  O  H  N
F  M  E  V  D  T  A  C  O
N  Q  T  Z  O  K  S  R  E
G  P  K  C  D  Q  C  D  S
```

Tent	Canoe
Cooking	Songs
Cot	Stream
Fire	Fishing
Bears	Stars

Baby Animals

```
N W A F D W C K D
F K B Z I W L N U
P L I Q K D T C C
W Q A T K J B K K
K P C C T M Y K L
N U L Y A E L C I
B T N L C X N I N
V O P U P P Y H G
P W Z N C H R C H
```

Kid	Cub
Lamb	Fawn
Puppy	Calf
Kitten	Chick
Duckling	Pony

Horses

M J K L S F Q S B
R B W R A O J T Y
P R I N D O K A G
T D Q Z D H M B G
E R X C L T E L U
D W O N E N L E B
T L V T A I L O Y
N L B M M M R R C
S T O R R A C M V

Hoof   Ride
Mane   Carrots
Tail   Colt
Trot   Buggy
Saddle   Stable

Under the Sea

L D E E W A E S T
W N I H P L O D S
M T W V L N K H X
T B A H V A R M K
D A L K A I R R G
Y R R B M L A O Z
L C U P R H E C C
E R S J S C J V P
E Q V K F I S H K

Crab	Shrimp
Shark	Seaweed
Fish	Coral
Whale	Eel
Walrus	Dolphin

Birds

```
D N L K K N K N R
N I T C E W P W E
Q B L V U A A C L
C O A W R C W H G
A R L R O D K Z A
N M O C R O W O E
A T N A C U O T O
R H V N P B B Z M
Y P R L D P J B L
```

Robin	Parrot
Raven	Toucan
Crow	Owl
Cuckoo	Eagle
Canary	Hawk

Sports

```
G N I K I B F G L
N T Y V M R R S L
I S V B T T I A A
V J O R G N G R B
I V A C N U M C E
D C Y E C M R H S
K C T W Z E T E A
P F L O G P R R B
Q J H O C K E Y P
```

Baseball   Track
Tennis   Golf
Hockey   Rugby
Soccer   Diving
Archery   Biking

Parts of the Body

```
G  K  F  N  C  C  Z  P  R
R  C  N  I  R  D  L  P  P
T  M  V  E  N  F  A  M  H
W  B  R  G  E  G  K  E  P
R  M  M  W  S  Y  E  T  H
I  R  J  R  L  K  O  R  L
S  A  A  L  T  E  C  N  Q
T  E  E  B  L  U  G  M  M
Y  B  W  K  K  C  A  B  L
```

Arm	Toe
Ears	Back
Leg	Head
Knee	Finger
Wrist	Belly

Once Upon a Time...

```
C I G A M N G N G
R N B K E R S O T
C K N E Y P D H W
Y A U J E M Z H W
R Q S L O K F C N
I V L T I K R T L
A M H N L X O I F
F E G J M E G W M
R P R I N C E S S
```

Witch	Frog
Queen	Magic
Princess	Spell
Godmother	King
Castle	Fairy

Naptime

```
Y R P R X B Y D M
L Y X I X K E R E
E P B Y L B J C L
K E L L D L U X G
A E A Q C D O T G
W L N H D N E W U
A S K L D N W T N
X L E D R E A M S
L W T N N W A Y C
```

Sleepy | Snuggle
Bed | Cuddle
Dream | Awake
Pillow | Yawn
Blanket | Teddy

Colors

```
B T W O R A N G E E
L M K H C A E P E
A T Y N I V M E U
C V L E I T L Z L
K R E D L P E G B
Q P X G R L R M H
L F R U K E O N R
F T P H E K K W Q
M R F N Y K R F X
```

Blue   Green
Purple   Yellow
Red   Peach
White   Pink
Black   Orange

Broadway

```
S  Q  N  C  W  M  P  M  N
R  N  U  O  I  R  R  N  N
O  J  H  I  O  S  H  P  P
T  S  O  G  E  R  U  K  E
C  L  R  V  N  T  R  M  R
A  A  S  E  A  T  S  L  F
M  L  H  V  B  R  F  H  O
S  T  H  G  I  L  B  L  R
C  L  A  P  P  I  N  G  M
```

Actors	Program
Show	Lights
Seats	Music
Quiet	Bravo
Perform	Clapping

Around the World

```
N K Y N A R I B T
T T Z M G Z A L S
K R R B K C N I C
W A L U I L I Z O
U L Y R S T H A T
T R E N A S C R L
J M E L E G I B A
A K Y P L K P A N
C A N A D A M Z D
```

China   Italy
America   Iran
Canada   Peru
Russia   Brazil
Scotland   Kenya

Taking Pictures

```
D V S O T O H P F
E H M R M N R B L
V F O C U S U K A
E L I M S T H R S
L S C X T N E R H
O N K O M M A H Q
P E N T A Y N P H
H L M C W M L I F
D A B N D T Z F N
```

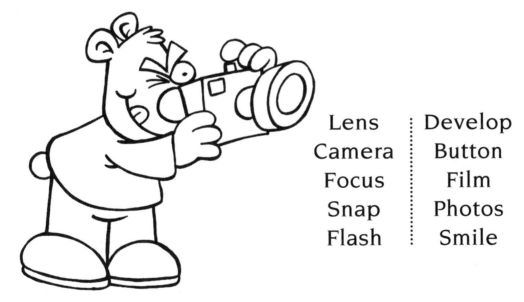

Lens   Develop
Camera   Button
Focus   Film
Snap   Photos
Flash   Smile

Arts & Crafts

```
S  P  A  R  K  L  E  N  Y
L  Q  R  E  T  T  I  L  G
C  R  A  Y  O  N  S  P  Y
R  P  N  T  V  F  K  A  T
M  K  R  Q  U  T  Q  I  I
H  G  Z  E  R  C  W  N  N
L  D  L  A  T  E  M  T  K
T  P  C  U  S  T  G  M  K
W  E  Q  X  E  G  Y  Z  R
```

Knit	Glitter
Sew	Sparkle
Crayons	Trace
Glue	Cut
Paint	Pretty

20

Your Family

```
U E W L W R L C L
N V T E E R O F R
C I N H H U M E E
L T T Y S P H K H
E A S I S T E R T
F L N A O G F N O
T E D R U K T P M
Z R B B Z N R G L
E C E I N H T K R
```

Mother	Uncle
Father	Cousin
Sister	Niece
Brother	Nephew
Aunt	Relative

First Day of School

```
K N H J C L A S S
R J Q Z D K F D W
O R E A D I N G T
W Q B G B E G R E
E D K L I E E H A
M S G R L C L W C
O U F R E A L L H
H B D S R K F X E
R R S E D A R G R
```

Bus
Friends
Class
Bell
Teacher

Reading
Recess
Grades
Homework
Fall

New Baby

```
P  N  K  S  F  N  T  T  P
F  P  D  E  V  T  T  R  E
L  R  L  I  R  T  U  M  L
N  A  J  T  A  B  N  M  I
T  T  L  O  C  P  B  V  B
L  T  B  O  P  I  E  D  O
Y  L  O  B  B  A  T  R  M
L  E  C  R  I  B  N  K  S
N  E  P  Y  A  L  P  H  T
```

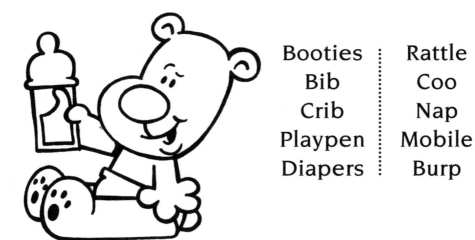

Booties	Rattle
Bib	Coo
Crib	Nap
Playpen	Mobile
Diapers	Burp

After School Fun

```
Y H K C A N S M S
L C M M G P D C S
L T T P M A O S K
A O M U L O T G I
B C J Z T A W N P
K S K E G Y Y I P
C P R L T Z F W T
I O C C L U B S J
K H K W N L L X H
```

Swings	Scooter
Jump	Snack
Clubs	Tag
Play	Kickball
Skip	Hopscotch

Library

```
N A I R A R B I L
D H N K S D W K M
R V C K C A R D N
F E O R B D G H B
T O I D A R R H O
B V V P E E P H R
R H M A O S S S R
M T D V R C K C O
G L N R E P A P W
```

Shhh   Borrow
Books   Read
Card   Search
Desk   Copier
Librarian Paper

Flowers

```
Q D P D A I S Y H
L A K O Z R S K T
D F C B P T D E H
N F P F E P L Z L
E O A M C O Y L A
L D N V I E C H T
L I S V H S T J E
O L Y M T O O R P
P P R K R R F D Y
```

Rose
Violet
Daisy
Poppy
Pansy

Daffodil
Petal
Stem
Root
Pollen

What's for Dinner?

B Q Q T I L I H C
U D J J N H F S N
R E N N O F A J P
G S O M R L I P Q
E S O T A C O S A
R E D D C F Q Z H
M R L D A O Z Z V
R T E Y M I R D K
V M S K P H M N K

Macaroni
Pizza
Tacos
Burger
Fish

Chili
Salad
Dessert
Noodles
Corn

Picnic

```
Z K W S B E K M C
S T T T C L I B A
N O N N Z L L P N
A S D A R A T M D
P T W A N E Q Z L
K R N K K Y P R E
I A E S X R R D S
N T A R E M M U S
S B C H I C K E N
```

Ants · Blanket
Basket · Napkins
Chicken · Summer
Soda · Pie
Candles · Tarts

28

Wintertime

```
E T B L N G X D S
C L R R W R E W N
A N H Z R L V O E
L S J T S R T N T
P V H H N X L S T
E N A I N I T V I
R T L X V C R F M
I R E B M E C E D
F G I F T S R R F
```

Snow | Fireplace
Sled | Mittens
Gifts | Hat
Brrr | Shiver
Ice | December

In the Country

```
T R E E S K K K F
N B Y Y T N Y A T
I E L S U R I K K
K R B K E R A W Z
P R S C S V N I N
M I Q K D T A R L
U E G N O Q A E W
P S B P O B R V L
N B R E W O M P P
```

Woods · Leaves
Skunk · Fair
Trees · Pumpkin
Trail · Mower
Berries · Barn

30

In the City

```
L V T K Y S T B M
E P V W T E K R L
T T A O E R R H N
O F R R J K W U K
H E T S K P G R N
S S X L W S M R O
I X A T Q O T Y H
N O I S E C H T K
Y R R E F N L S W
```

Honk	Stores
Street	Taxi
Noise	Shows
Parks	Hotel
Hurry	Ferry

In the Skies

```
Y L M M N T G N N
Q S R P E M X I E
M J R M I O Z G I
H A O A R H B H L
T C R B T Z S T A
R W I S T S T N M
A T E L K N I W T
E V E N U S R M F
L K N D N B M B P
```

Earth   Orbit
Comet   Twinkle
Venus   Stars
Mars   Alien
Night   Ship

Digging to China

```
Q  C  L  Y  J  E  L  I  P
S  P  A  I  L  T  T  W  R
L  S  D  R  B  R  F  X  S
B  G  A  X  P  I  C  H  B
E  U  M  R  H  D  O  T  U
L  W  C  L  G  V  T  T  G
O  K  I  K  E  X  T  P  S
H  O  N  L  E  N  N  U  T
S  L  T  N  Y  T  T  M  Z
```

Dirt	Shovel
Soil	Pile
Pail	Grass
Bucket	Hole
Bugs	Tunnel

Doggies!

```
Z  R  T  C  S  L  V  T  P
J  G  J  H  W  N  W  A  P
S  K  A  O  B  J  I  M  X
C  F  B  W  T  Z  T  F  R
R  L  I  C  K  I  N  G  F
A  O  E  L  S  W  Q  K  Z
P  P  V  F  P  V  V  N  B
S  P  O  R  U  M  K  E  M
K  Y  L  X  P  T  G  X  L
```

Pups	Beg
Bowl	Paw
Licking	Wag
Sniff	Floppy
Scraps	Love

34

Kitties!

```
K S R E K S I H W
Y A R N W R R W T
T A I L L Q E Q R
R K Y P A M M Q R
K E M F P N T K U
H Z T Z F L M M P
N I P T C U I G M
N W D L I L L V Y
N B W E K L L F D
```

Purr	Milk
Mew	Whiskers
Tail	Fluffy
Hide	Yarn
Lap	Litter

Creepy Crawlies

```
L C S T S E N R N
S F M Y R B R D M
G L E P K E L R H
U E X E Y C E Z B
B G G E L H I J Y
P S S K T E T L M
X B M I R M R Q I
B S L U G S H S L
Y S R O A C H E S
```

Bugs	Eyes
Slither	Nests
Slugs	Icky
Feelers	Slimy
Legs	Roaches

To the Amusement Park!

```
R Y Z N C F K C B
D D N A T S S N O
C T N N E L E R A
L D I N U Y D O R
Y G I C M S I C D
N L K N K M R P W
B J G A M E S O A
E D A C R A T P L
P R I Z E S J S K
```

Rides   Prizes
Lines   Candy
Games   Arcade
Tickets   Popcorn
Sunny   Boardwalk

Rainy Days

```
J C R D N R Y X P
F W A H A T T S R
M R O T S S W T E
K C K G E D E O D
F N L V N T T O N
R W O O T I B B U
N L T F U L R L H
G P K B F D Q P T
K F S O G G Y R S
```

Boots	Dark
Gloves	Storm
Hat	Spring
Cloudy	Thunder
Wet	Soggy

Petting Zoo

```
P  C  M  K  K  R  W  Y  Y
M  N  O  L  Y  N  N  N  E
M  M  A  W  X  O  V  T  K
G  M  K  R  P  T  R  Z  N
B  I  E  H  C  A  T  H  O
G  E  P  A  T  O  M  R  D
D  L  H  Y  K  G  M  Q  Y
T  C  R  O  T  C  A  R  T
R  A  B  B  I  T  X  T  B
```

Goat	Lamb
Pony	Tractor
Rabbit	Donkey
Cow	Pig
Hay	Deer

Building a Fort

```
G  A  L  F  T  T  S  S  Y
G  M  X  X  A  R  R  E  Z
M  H  H  B  I  T  O  C  S
T  J  L  A  R  H  O  R  T
M  E  H  N  H  I  D  E  E
L  C  A  N  U  T  N  T  E
T  R  M  M  X  F  I  J  H
T  D  Z  N  S  Y  L  K  S
D  R  O  W  S  S  A  P  V
```

Sheets	Table
Chairs	Flag
Hide	Fun
Teams	Indoor
Secret	Password

Playing Dress Up

```
V  D  R  E  S  S  M  J  R
P  R  K  S  H  S  U  L  B
R  N  C  T  H  E  Y  Y  S
E  P  I  H  A  G  E  L  T
T  F  T  G  T  P  R  L  S
E  R  S  I  K  A  P  H  S
N  A  P  T  E  N  A  R  W
D  C  I  P  D  W  W  V  Z
N  S  L  M  L  W  R  C  F
```

Lipstick	Scarf
Pearls	Shawl
Dress	Pretend
Heels	Blush
Hat	Tights

Math Class

```
D C O U N T Y L L
D D N D S D L T T
O D Z E F I C K O
Y A N J V A G K T
V L S D R E K N A
Y Y D T P W X K L
M L B F N K H F G
Z U N U M B E R D
S M S E L B A T T
```

Add	Sum
Subtract	Tables
Number	Even
Sign	Odd
Total	Count

At the Circus

```
W Z E Z E P A R T
J U G G L E C W T
C Q J C T Z A P N
T L T L M P C R E
J E O G T L R R T
K Y N W I M O E C
Y I Z O N D B G F
R N N N T X A I V
R E M A T N T T R
```

Tent   Lion
Ring   Tamer
Juggle   Trapeze
Clown   Net
Acrobat   Tiger

Choo-Choo!

```
V G T M B K H T N
K T K S C V E Y C
L K R A A K W A M
E S R N C F R M F
V T F I B G C A R
A E T A O U M R Y
R A J R R R N Q G
T M C T L L J K Y
D A O R L I A R P
```

Train	Railroad
Track	Cargo
Car	Travel
Bunk	Fast
Steam	Ticket

In the Jungle

```
R  G  G  K  M  Y  R  K  L
T  A  W  F  O  R  E  S  T
D  H  I  H  B  L  H  D  T
T  A  B  N  I  S  O  Y  Z
Z  R  H  Z  A  E  T  E  L
Z  F  A  F  K  R  X  K  Z
F  R  A  A  F  F  A  N  P
D  R  N  K  N  N  T  O  P
I  S  V  G  O  R  F  M  R
```

Monkey	Safari
Snake	Bat
Forest	Lizard
Rain	Frog
Hot	Roar

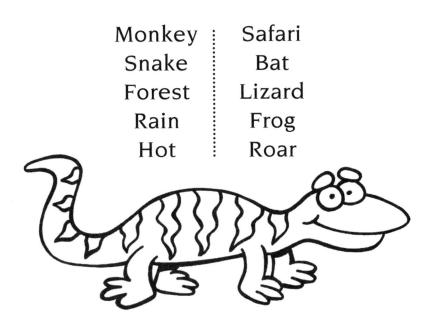

Play Ball!

```
P  S  G  L  O  V  E  N  P
I  T  E  L  B  B  T  N  A
T  U  R  V  A  A  N  K  C
C  N  Q  T  A  R  S  W  D
H  A  T  F  O  W  T  E  M
E  E  R  C  N  Q  V  K  S
R  P  P  S  D  N  A  T  S
R  O  H  O  M  E  R  U  N
P  G  D  F  Y  Q  R  Y  Y
```

Peanuts   Batter
Popcorn   Stands
Homerun   Wave
Bases   Cap
Pitcher   Glove

Soccer

```
B  R  E  F  E  R  E  E  R
N  A  G  L  I  X  V  T  W
M  L  L  K  L  M  H  S  P
M  D  I  L  A  R  T  C  H
T  C  N  R  O  Z  D  O  F
K  J  M  W  G  L  X  R  O
R  E  T  N  E  C  Z  E  U
N  P  N  I  G  T  Q  B  L
C  M  F  K  P  I  T  C  H
```

Goalie	Kick
Field	Throw
Pitch	Center
Ball	Referee
Foul	Score

What I Want to Be

```
R M N W N X W K N
E L O J F A R N K
H K K D R R I A Y
C R N T E C T M D
A X I C H L E E O
E S N E K Q R R C
T A F H D Q V I T
D S U O M A F F O
N O F F I C E R R
```

Fireman	Artist
Dancer	Doctor
Officer	Teacher
Model	Famous
Writer	Chef

I'm Feeling...

```
M Q T K R Z X H Y
Y L G G I G U P P
C L A H H N P P M
B P L C G A S L U
S D Q R H Q C O J
X I Y E M J A V M
P D L U T I R E D
V N C L J K E D Z
C C P B Y V D T V
```

Blue	Hungry
Happy	Giggly
Tired	Calm
Silly	Jumpy
Scared	Loved

In My House

```
J T N C I T T A W
C N E S I N K I M
U E H H P L N O R
R M C M C D O E N
T E T R O R S B Q
A S I W H S O Y Q
I A K T E N R P M
N B A R R F G U X
S B D Y H M B G G
```

Kitchen   Curtains
Bathroom   Window
Sink   Basement
Dresser   Attic
Rug   Porch

Making a Racket!

```
W E D S M A S H R
R V L R K F H C B
G P M G U P N K O
H E S F N M L Q N
S D L K O A S F G
A A B O C L I R O
R L B A M I O R S
C R C D X C T X T
N T Z R K Q N S J
```

Crash | Triangle
Boom | Sticks
Bam | Pedal
Drums | Smash
Bongos | Rock

What's for Breakfast?

```
N  W  E  C  I  U  J  S  M
T  C  E  R  E  A  L  E  U
T  G  G  Z  J  Z  L  K  F
F  O  B  A  C  O  N  A  F
K  J  A  Y  N  S  Q  C  I
X  L  Z  S  G  Y  K  N  N
M  C  I  G  T  D  W  A  S
K  Z  E  M  G  B  W  P  N
S  E  L  F  F  A  W  K  H
```

Pancakes	Muffins
Eggs	Melon
Bacon	Juice
Toast	Milk
Waffles	Cereal

Cars & Trucks

```
G E A R S R D Q M
M D T Y C R P S N
L C E F I T E M G
E K M V I R B W H
E H E W I H Q P F
H K O T L D S K M
W K L R N I R C M
L E L D N A H O Z
C W J Z D L P L F
```

Going on a Trip

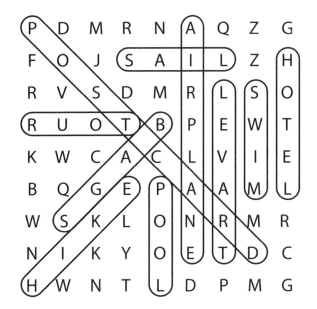

```
P D M R N A Q Z G
F O J S A I L Z H
R V S D M R L S O
R U O T B P E W T
K W C A C L V I E
B Q G E P A A M L
W S K L O N R M R
N I K Y O E T D C
H W N T L D P M G
```

Camping Out

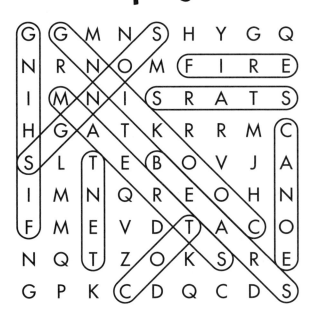

```
G G M N S H Y G Q
N R N O M F I R E
I M N I S R A T S
H G A T K R M C
S L T E B O V J A
I M N Q R E O H N
F M E V D T A C O
N Q T Z O K S R E
G P K C D Q C D S
```

Baby Animals

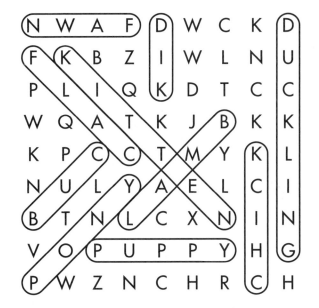

```
N W A F D W C K D
F K B Z I W L N U
P L I Q K D T C C
W Q A T K J B K K
K P C C T M Y L
N U L Y A E L C I
B T N L C X N I N
V O P U P P Y H G
P W Z N C H R C H
```

Horses

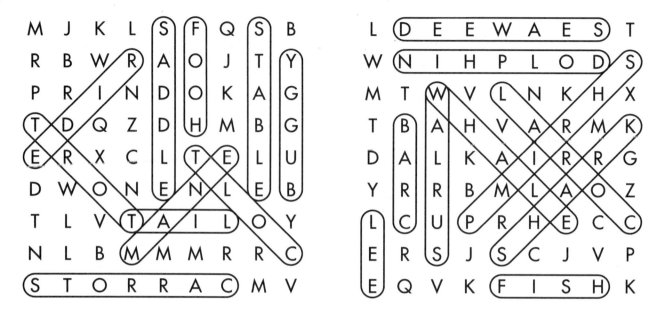

```
M J K L   S F Q   S B
R B W R A O J T Y
P R I N D O K A G
T D Q Z D H M B G
E R X C L T E L U
D W O N E N L E B
T L V T A I L O Y
N L B M M M R R C
S T O R R A C M V
```

Under the Sea

```
L D E E W A E S T
W N I H P L O D S
M T W V L N K H X
T B A H V A R M K
D A L K A I R G
Y R R B M L A O Z
L C U P R H E C C
E R S J S C J V P
E Q V K F I S H K
```

Birds

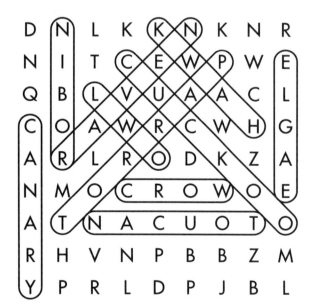

```
D N L K K N K N R
N I T C E W P W E
Q B L V U A A C L
C O A W R C W H G
A R L R O D K Z A
N M O C R O W O E
A T N A C U O T O
R H V N P B B Z M
Y P R L D P J B L
```

Sports

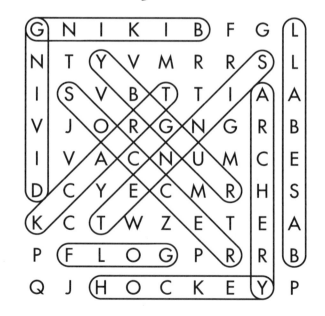

```
G N I K I B F G L
N T Y V M R R S L
I S V B T T I A A
V J O R G N G R B
I V A C N U M C E
D C Y E C M R H S
K C T W Z E T E A
P F L O G P R R B
Q J H O C K E Y P
```

54

Parts of the Body

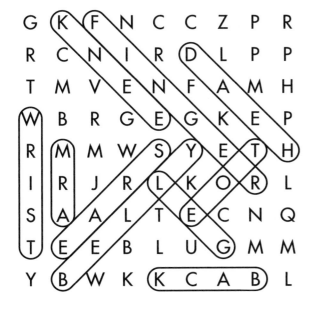

Once Upon a Time...

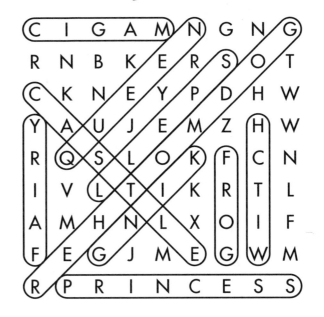

Naptime

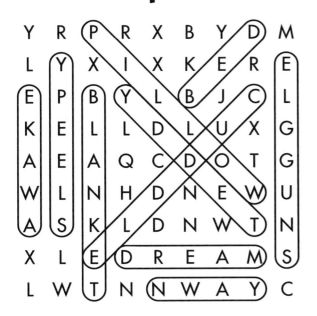

Colors

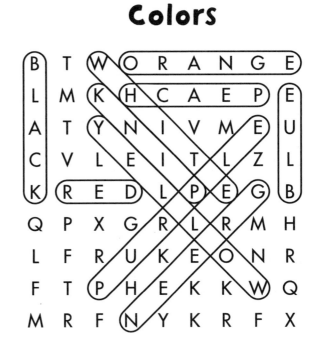

55

Broadway

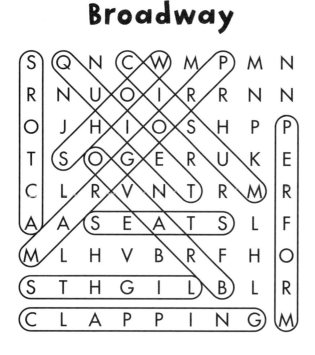

Around the World

Taking Pictures

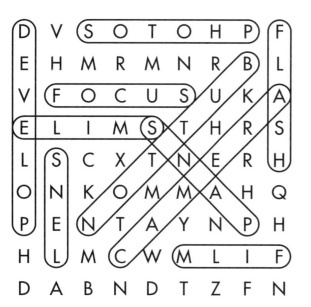

Arts & Crafts

Your Family

First Day of School

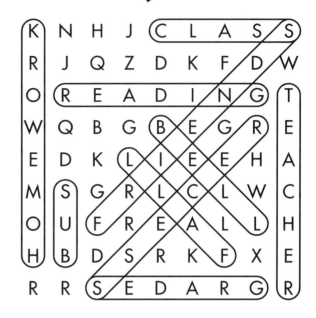

New Baby

After School Fun

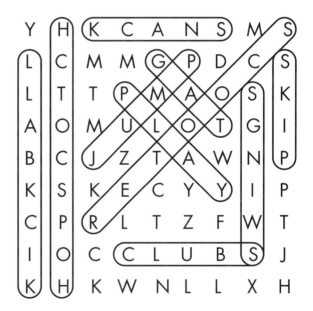

Library

Flowers

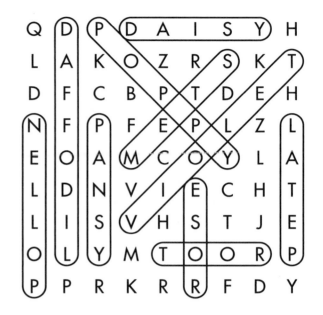

What's for Dinner?

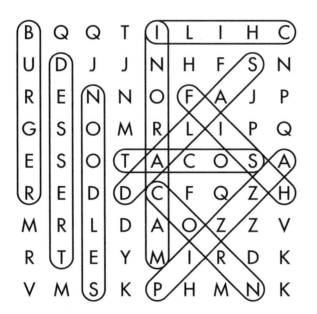

Picnic

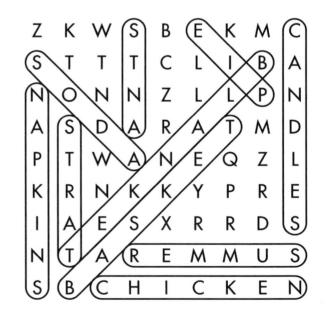

58

Wintertime

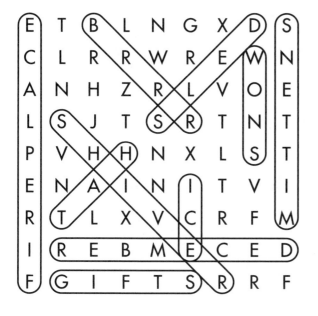

In the Country

In the City

In the Skies

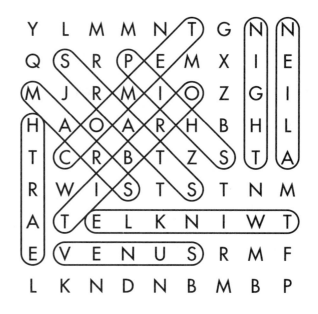

Digging to China

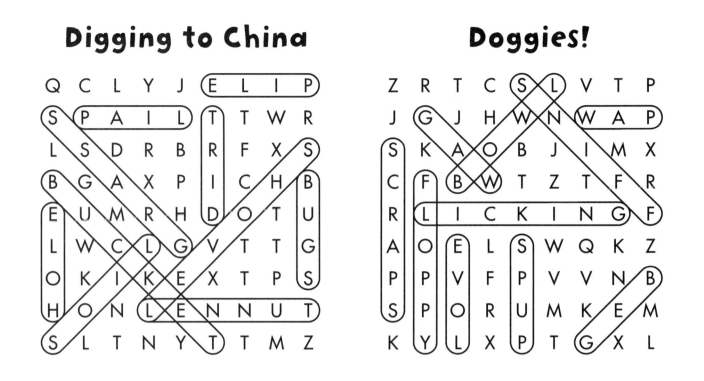

```
Q C L Y J E L I P
S P A I L T T W R
L S D R B R F X S
B G A X P I C H B
E U M R H D O T U
L W C L G V T T G
O K I K E X T P S
H O N L E N N U T
S L T N Y T T M Z
```

Doggies!

```
Z R T C S L V T P
J G J H W N W A P
S K A O B J I M X
C F B W T Z T F R
R A L I C K I N G F
A O E L S W Q K Z
P P V F P V V N B
S P O R U M K E M
K Y L X P T G X L
```

Kitties!

```
K S R E K S I H W
Y A R N W R R W T
T A I L L Q E Q R
R K Y P A M M Q R
K E M F P N T K U
H Z T Z F L M M P
N I P T C U I G M
N W D L I L L V Y
N B W E K L L F D
```

Creepy Crawlies

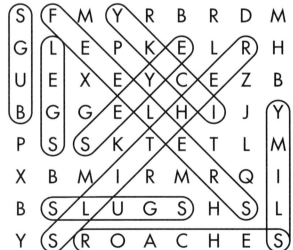

```
L C S T S E N R N
S F M Y R B R D M
G L E P K E L R H
U E X Y C E Z B
B G G E L H I J Y
P S S K T E T L M
X B M I R M R Q I
B S L U G S H S L
Y S R O A C H E S
```

60

To the Amusement Park!

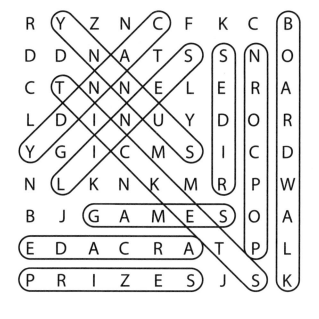

Rainy Days

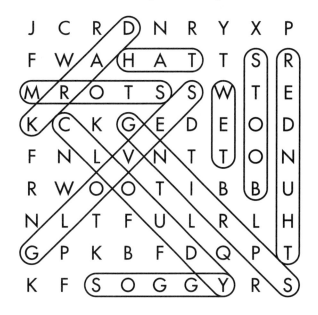

Petting Zoo

Building a Fort

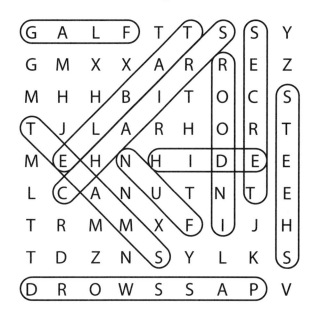

Playing Dress Up

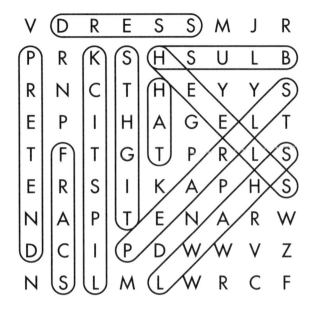

Math Class

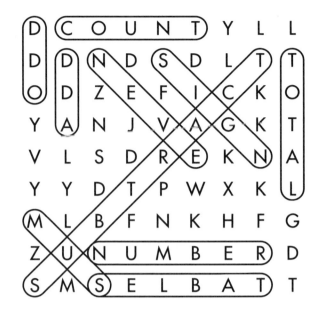

At the Circus

Choo-Choo!

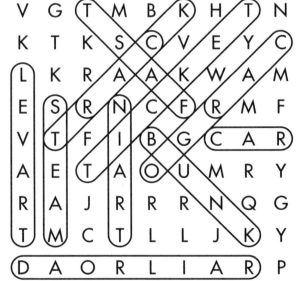

In the Jungle

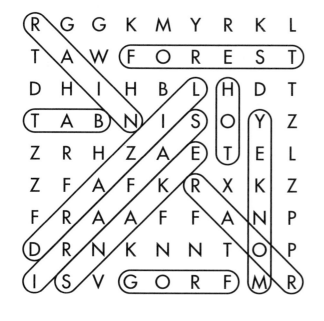

Play Ball!

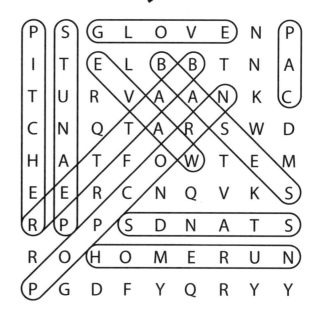

Soccer

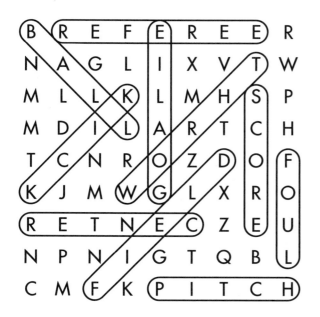

What I Want to Be

63

I'm Feeling...

M Q T K R Z X H Y
Y L G G I G U P P
C L A H H N P P M
B P L C G A S L U
S D Q R H Q C O J
X I Y E M J A V M
P D L U T I R E D
V N C L J K E D Z
C C P B Y V D T V

In My House

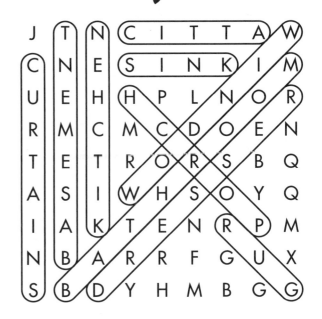

J T N C I T T A W
C N E S I N K I M
U E H H P L N O R
R M C M C D O E N
T E T R O R S B Q
A S I W H S O Y Q
I A K T E N R P M
N B A R R F G U X
S B D Y H M B G G

Making a Racket!

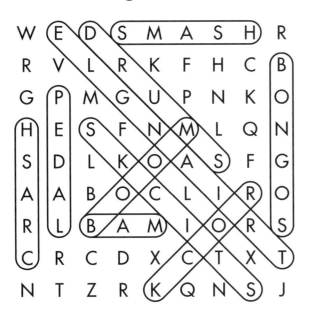

W E D S M A S H R
R V L R K F H C B
G P M G U P N K O
H E S F N M L Q N
S D L K O A S F G
A A B O C L I R O
R L B A M I O R S
C R C D X C T X T
N T Z R K Q N S J

What's for Breakfast?

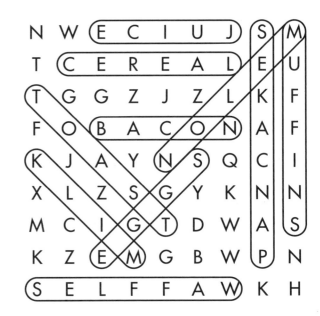

N W E C I U J S M
T C E R E A L E U
T G G Z J Z L K F
F O B A C O N A F
K J A Y N S Q C I
X L Z S G Y K N N
M C I G T D W A S
K Z E M G B W P N
S E L F F A W K H